Karl Franz Guolfinger von Steinsberg

**Bischof, Prälaten und Nonnen**

Karl Franz Guolfinger von Steinsberg

**Bischof, Prälaten und Nonnen**

ISBN/EAN: 9783741167027

Hergestellt in Europa, USA, Kanada, Australien, Japan

Cover: Foto ©Andreas Hilbeck / pixelio.de

Manufactured and distributed by brebook publishing software
(www.brebook.com)

Karl Franz Guolfinger von Steinsberg

**Bischof, Prälaten und Nonnen**

# Bischof,
## Prälaten und Nonnen.

———

## Ein Scharmützel

### im Garten zu Do***

1782.

# Erſte Scene.

Der Prälat von Do*** auf und abgehend.

Dich ſoll ich nun auf ewig verlaſſen, meiner Ruhe geweihter; durch meine Hände verherrlichter Garten! Was für eine bittere Erinnerung, dich jemals gehabt, hier in dieſer Laube manche Luſt genoſſen, dort an jener Terraſſe manchen herrlichen Schmaus gegeben, an jenem Springbrunnen manchmal von ſtiller Freude und geheiligten Grazien eingewiegt, eingeſchlummert zu haben? Ich will mich auf jenen grünen Skarpen hinwerfen, auf jenes Jägerhaus, ſo ich meinen und meiner Freunde Vergnügen baute, hinblicken, und vor Wehmuth ſterben. Ich unglückſeliger Prälat, aus meinem Parabieſe von ei-

A 2 nem

nem Freygeisterischen Fürsten vertrieben, o Jesu Maria! o heiliger Norbert!

(Sinkt nieder. Seine Einbildungskraft mahlt ihm alle seine Gastereyen und Schwelgereyen lebhaft vor; er siebt den durch seine Menschenfreundliche Verwendung gestürzten Kreißhauptmann und lächelt; nun aber kehrt die traurige Scene in seine Seele zurück, da Er seines Silbers, seiner *) Kapitalien beraubt wurde: — und weint).

## Zweyte Scene.

### Vertrauter Mönch, der Vorige.

### Vertrauter Mönch.

(Mit einer Flasche und 2 Trinkgläsern in der Hand).

**V**ictoria! gnädigster Papa! Victoria, alles gewonnen, nichts verlohren!

Prä=

---

*) Nebst einer Herrschaft von 10 Mayereyen, und 49 Nonnen, ist: Vermög Inventar zu Dö**. vorgefunden worden: 1) An barem Gelde, 20673 fl. 4 kr. 2) An Rentresten, 14289 fl. 45 kr. 3) An reinen Aktivkapitalien 81700 fl. 4) An Silber und Pretiosis 260 Pfund und 3 Loth. 5) An Freyzeug, 17 Cent. 68 Pfund Zinn, 4 Cent. 5 Pfund Kupfer; 1 Cent. 52 Pfund Blech; noch mehr an Mayolie und Hollzer Geschirr, drey

**Prälat.**

Gott gabs und Gott nahms, sein Wille geschehe!

**Vert. Mönch.**

Nichts nahm er, nichts. Vorerst eine Dosis Wertheimer, Euer Gnaden, und hat diese himmlische Medicin, wie sie es immer zu thun pflegt, die leidige Schwermuth von Euer Gnaden hoher Seele weggeschwemmt, dann gnädigster Papa einen wohlmeinenden Rath von Dero devotesten Knechte. Einen Rath, den der heilige Norbert nicht besser geben kann, der soviel werth ist, wie dieser Nektar. — Auf langes Wohlleben Reverendissime, Klu lu lu lu lu lu. O Wertheimer! o Wertheimer!

**Prälat.** (Nach einigen Seufzern).

Geh! leichtsinniger Freund, mir schmeckt nichts mehr, alles ist mit Galle vermischt.

A 3                   Die

Dieſer Garten, jene Luſthäuſer, jene Keller, mein Pallaſt, meine Herrſchaft, alles, alles iſt verlohren; und ich armſeeliger Prälat, — ich mit zwey Gulden täglich abgeſpeiſter Landſtand, bin nichts mehr! — Alles, alles iſt verlohren.

### Vert. Mönch.

Nicht ein gewelbter Floh einer ihrer liebenswürdigen Nonnen, gnädigſter Papa. (Der Prälat trinkt, wird heiterer.) Ich erhielt eben einen Brief, daß, nachdem ſich die Kloſterjungfern zu \*) Brix entſchloſſen hätten, Urſulinerinnen zu werden; ſo hätte ſie der Kayſer wie zuvor in ihrem Kloſter gelaſſen. Wenn nun Euer Gnaden Dero Nonnen auch per-

---

\*) Die Kloſteroberin und Aelteſten, haben aus einer gegründeten Verachtung der Welt, weil ſie nemlich alte Jungfern ſind, und aus Liebe zur bequemen Bigotterie mit dem wohlweiſen Magiſtrat zu Brix, dieſe Finte erfunden, um die übrigen Nonnen, die ſich ſo ſehr nach der ihnen zugeſtandenen Freyheit ſehnten, zu zwingen, noch länger in ihrem Kerker zu ſchmachten. O wenn doch der Landesfürſt ſie einzeln vernehmen ließe, liegt es ihm daran, ſich der Menſchheit zu erbarmen!!!—

persuadiren ein gleiches zu thun, so setzen
Euer Gnaden dem Ministerium eine Brille
auf die Nase, und behalten alles wie zuvor.

### Prelat.

Wirklich? (voll Freuden) ach! Du sprichst
ja weiser als Salomo! Mir fällt ein Stein
vom Herzen, (hat zuvor eine Flasche ausgestochen)
ich freue mich recht kindisch darüber, dem Prälaten von See** Nachricht davon zu geben;
Er und meine angesehenen Freunde, die ich so
oft und so königlich bewirthet habe, und deren es bey Hof und zu Prag eine Menge giebt,
werden mir beystehen, werden ihren Freund
retten!

### Dritte Scene.
(In der Klausur. Im Parlatorio.)
Zwo jüngere Nonnen. Electa und
Michaela.

### Electa.

Freu dich, liebe Schwester, der Prälat hat
nichts beym Monarchen ausgerichtet. Wir
dürfen hinaus. O wie will ich des Lebens
genießen, mit welchen Freuden diesen Kerker

flie-

fliehen, wie die verlohrnen Tage wieder
einbringen. Ach Schade nur für die rosen-
farben Tage meiner Jugend! Dann wenn
ich in freyer Luft, in Wonne und Entzücken
hintaumele; dann soll der aufrichtige Seufzer
zu Gott Wohl und langes Leben für den
Schützer aller Menschen anflehen, der mir
ein zweytes Leben gab.

### Michaela.

Hast Recht, liebe Schwester. Endlich
werden wir dieser Gürteln, dieser Breviere,
dieser Werkzeuge der Schwermuth, dieser Fesseln des Aberglaubens los werden.
Der liebe Kaiser hat der beleidigten Menschheit ihr ursprünglich natürliches Recht gelten
gemacht; Gott mach ihn dafür gesund, erhalt ihm sein Gesicht, erhalt' ihn der Menschheit, und nie mög er den schleichenden Pfaffen trauen, die um so gefährlicher sind, je
gelehrter sie sind, oder es zu seyn scheinen.
Im Grunde ihres Herzens sind sie doch Fein-
de der Menschen und des Staats! denn Sie
sind Pfaffen!!! Bst! Stille! unsere Oberin kommt, die es nicht leiden kann, wenn
unser eins ein Bißgen vernünftig spricht.

Vier=

## Vierte Scene.

Oberin. Elisabetha. Vorige.

### Elisabetha.

Gelobt ſey Jeſus Chriſtus!

### Beyde.

In Ewigkeit. Amen.

### Elisabetha.

Ach du Gekreuzigter, was erlebten wir
nicht für Zeiten! — Gott ſey uns gnädig, meine Kinder, den wir jederzeit mit vereinigten
Gebethern verehrten, entfernt von dem welt-
lichen Geräuſche, von den Schlingen, die der leidige Satan † † † den ſchwachen Menſchen legt.
Und nun, du ewiger Erbarmer, ſollen wir uns
trennen! Das iſt die Strafe des Himmels,
• daß Gott unſeren Fürſten erleuchten, oder
von der Welt nehmen möchte, der uns ſo in
der heiligen Andacht ſtöhrt, o! daß alle ſeine
Rathgeber ewig verdammt würden!

### Michaela.

Nein, das wolle Gott verhüten, unſer
Landesfürſt iſt unſer Vater mehr als unſer
Beherrſcher.

　　　　Eli-

### Elisabetha.

Ich glaube in diesen heiligen Mauern
gar eine Gotteslästerin zu hören? Nimmt mich
nicht Wunder, die Jungfer ist in einen Of-
ficier verliebt, man spricht garstig davon; sie
hat ihr Herz entweihet. Sie ist im heiligen
Schafstalle, das aussätzige, das räudige
Schaf. Sie ist die Urheberin alles Unheils
unsers Klosters; die einzige Ursache der Gei-
sel des Himmels, sie wird ewig in der Hölle
brennen.

### Michaela.

Daß doch die Frömmigkeit, die Andacht selbst — von allen etwas aufgeklärten
Menschen immer am Schlimsten spricht.

### Elisabetha.

Was plappert sie da?

### Michaela

Daß Gott mein Herz besser kenne, als.
Sie, hochwürdige Mutter.

## Fünfte Scene.

(Es kommen mehrere Nonnen darzu; die Alten mit traurigen, die Jungen mit fröhlichen Gesichtern. In der meisten Nonnen Augen schimmert die Wonne, ein Resultat von der lebhaften Vorstellung künftiger Glückseeligkeit, die uns zwar Natur und Religion gewähren, welche aber diese Unglücklichen dem Aberglauben bisher aufopferten. Das schärfere Aug des Menschenkenners sieht hier eine Auferstehung der Natur vormals geschlachteter Herzen; es sieht den Namen des Landesfürsten, der sie, Gott ähnlich, auferweckte, — auf dem Throne der Freude, der Tugend und der Wohlthätigkeit, mit heißen Wünschen und Segnungen überschüttet. — Doch ist diese herrliche Scene mit einem dünnen Flor von affektirter Frömmigkeit überzogen, der dem blöderen Auge sie ganz entzieht, dem schärfern interessanter macht.

## Sechste Scene.

(Der Prälat von Str**. der Prälat von Do** und der vertraute Mönch kommen. Jener dünner Flor verwandelt sich in grobes Tuch bey ihrer Ankunft. Die sichtbare Freude tritt ganz in ihre Herzen zurück, und man sieht um

um und um, Emanuels Geſicht ausgenom,
men, nichts als lauter Nonnengeſichter.
Einige von dieſen Kloſterjungfrauen küſſen
mit tiefſter Ehrfurcht der beyden Prälaten
Hände; dieſe aber ſtellen ſich an, als ob ſie
dabey gar nichts empfänden, und doch wa,
ren darunter noch ganz junge Nonnen und
auch ganz hübſch! — Ein Wink entfernt ſie
auf einige Augenblicke.

Der Prälat von Do⁎⁎ zu ſeinem Kollega.

Hier führ ich Ihnen, Reverendiſſime,
den vertrauten Mönch auf, der unter ſei,
nem eigenen Namen wider die Aufhebung der
Klöſter ein Werk drucken lies *).

Prä=

*) Unter dieſem Titel erſchien vermuthlich zu
München eine Broſchüre, die von dem Hab,
ſpurgiſchen Hauſe und vom Kaiſer ſehr viel
ungegründetes, grobes, pfäffiſches enthält.
Der Prälat von Str⁎⁎. hat es mit Entzü,
cken geleſen, hat es Anfangs May als ein Werk,
an dem nichts auszuſetzen ſey, angerühmt.
Darum hat man dieſem Dramatiſchen Ge,
dichte dieſe Perſon einverleibet, welche die
einzige erdichtete iſt, die übrigen ſind alle,
und das ganze Faktum, — mit andern Wor,
ten — wahr!!!

Prälat von Str**

laſſen Sie ſich umarmen, würdigſter
Mann, ich bin, ſeitdem ich Ihr Werk geleſen,
Ihr zärtlichſter Freund. Ein Werk, darinn
kein Wort überflüſſig und umſonſt iſt. lauter
gründliche Wahrheit. Das ſollte der Kaiſer leſen; dem haben Sie es recht geſagt. Darum haben ſie es auch zu Wien verboten.

Vert: Mönch.

Aber man hat dieſes Werk jämmerlich
zugerichtet. Man hat in einem Nachdruck
die fürſtlichen Namen weggeſtrichen, und ein
Ketzer hat Noten dazu gemacht, worüber
ich vor Galle zerplatzen möchte.

Prälat von Str**.

Gott wird ihn ſtrafen, das ſind Zeiten,
das ſind Zeiten!

Siebende Scene. Anfangs May 1782.

(Es erſcheinen alle 49 Nonnen).

Prälat von Str**.

Zittert, ach zittert nur, euer Schmerz iſt
gerecht; nun iſt die Stunde gekommen, da
ihr

14

ihr einen Kirchenraub begehen, da ihr euerm
heiligsten Orden die ihm auf ewig dargebrach-
ten, die ihm geweihten Herzen rauben sollet.
Ihr habt wohlbedächtlich diesen Weg er-
wählt, die ewige Seligkeit zu erringen, denn
was nützt es dem Menschen, sagt der goldene
Mund, wenn Er auch alle Reichthümer be-
säße, und die Seele darüber verlohren gien-
ge! — Man hat bisher sorgfältig und vä-
terlich eure Schritte beobachtet, damit ihr
keinen Fehltritt thun möget! nun aber wirft
man euch aufs brausende Meer, euch Aermste,
die ihr das Rudern nicht versteht; die Wel-
len, die ihr mit euern schwachen Armen nicht
zurückschlagen können werdet, werden euch
verschlingen.

(Während daß der Prälat auf die zweyte Pe-
riode seiner Rede studiert, sagt

Elisabetha, ungefehr eine Sechzigerin, tief-
seufzend:)

Mein Gott, wie leicht kann unser eins
verführt werden!

### Der Prälat von Str**.

Der Landesfürst sieht dieses nicht so gut
ein, und kann es auch nicht so gut einsehen
wie

wie wir, denn er ist nie ein Prälat gewesen;
wir aber sind Prälaten. Und was würde
endlich aus dem Staate werden, hätte der
Kaiser keine Prälaten bey der Hand, auf de=
ren Schultern die ganze Monarchie ruhet.
Wir wissen, wie der heilige Jungfernstand im
Himmel allen andern Tugenden weit vorge=
zogen und in alle Ewigkeit verherrlichet wird,
und wir wissen, wie gebrechlich dieser heilige
Jungfernstand sey; denn wir sind Prälaten.

### Eine Funfzigerinn.

Ja wohl wahr, Gott behüte unser ei=
nes! —

### Prälat von Do**.

Daher meine lieben Jungfern müssen wir
alles anwenden, um dem Himmel und dem hei=
ligen Norbert, dem wir unsere Herzen dar=
brachten, nicht untreu zu werden; denn da
er bey Gott in großem Ansehen steht, so wür=
de Er uns auch untreu werden, und Gott
leicht gegen uns erbittern, weßfalls wir denn
ganz gewiß des ewigen Todes würden.

Die

**Die Funfzigerin** (mit Klosterzärtlichkeit.)

Ach gnädigster Papa, wir wollen alles thun, wenn wir noch ein Mittel haben, hier in diesen heiligen Mauern uns zu erhalten.

## Prälat von Do⸗*.

Der Landesfürst, Gott erleuchte seinen Verstand und erweiche sein Herz, hat die Klosterfrauen zu Brix in ihrem Stande gelassen, weil sie den heiligen Geist hörten, und alle einmüthig, gewiß konnte das ihnen nur der heilige Geist eingeben, Ursulinerinnen werden wollten. Nun wenn ihr euren heiligen Schuzengel, wenn ihr den heiligen Geist, der sich den Brixernonnen sichtbarlich offenbarte, geneigtes Ohr zu verleihen ohnermangelt, so thuet das nemliche, und bedenket, daß ihr dadurch eure Seelen von dem ewigen Feuer errettet.

## Electa.

Gnädiger Papa, wenn mich der Fürst in dem Orden, den ich mir erwählte, nicht duldet, so verlang ich meine mir verheißene Freyheit, denn zu dem Orden der heiligen Ursula fühl' ich keinen Beruf.

Meh⸗

## Mehrere.

Ich auch nicht, ich auch nicht!

Der Prälat von Str**. (darüber erschrocken, sagt:)

Gott im Himmel, wär es möglich! ich erstaune über euch. Der Satan muß euch verblendet haben. Wir wollen für sie ein Vaterunser beten. (Sie beten) Ihr fühlet keinen Beruf im Kloster zu bleiben? Meint ihr, daß euch der Landesfürst von eurem Ge- lübde lösen kann? daß es keine Todsünde sey, nur den Wunsch, davon losgesprochen zu wer- den, zu äußern? Und glaubt ihr, daß es dem heiligen Vater, dem euer Heil am Her- zen liegt, und der unfehlbar ist, denn er ist Statthalter Gottes, daß er es, sage ich, jemahls thun werde? Und seyd ihr nicht sträf- lich, wenn ihr euer Gelübde verletzet? Ich sag euch also, der ich mit dem heiligen Va- ter die höchste Gnade hatte zu sprechen und seinen heiligen Fuß zu küssen, ich sag euch, der heilige Vater will nicht euer Gelübde lösen. Nun geht, von Gott und dem heiligen Norbert verlassen, wie Kain

B                              der

der Mörder, und heult Verzweiflung in die
Felſen der Wüſten, ihr Mörderinnen euerer
Seelen! Geht, von mir und dem heiligen Vater im Namen Gottes des Vaters † und des
Sohnes † und des heiligen Geiſtes † verflucht!
Gewiſſensbiſſe mögen euere ungetreuen Herzen
zerfreßen, die Sünde eure Seelen umnebeln,
und der h. Norbert in eueren lezten Zügen ſein
Antliß von euch abwenden ; der heilige Norbert, der ſonſt eure tugendhaften, euere unbe-
fleckten Seelen von den Lippen eures Mundes
aufgefaßt und zum Throne des Allmächtigen
getragen hätte im Triumpfe! — Nun aber
wird der leidige Satan eure Seelen ergreifen
und das Hohngelächter der Hölle wird ſie em-
pfangen. (Hier weint der Prälat vor heiligem
Eifer und — Galle.)

    Die Nonnen (zittern. Eine 55zigerinn ſagt ge-
       ängſtigt:)

    Ach! — wir wollen ja unſerm Gotte
treu bleiben ewiglich! —

      Der Prälat von Do**.

    Thut es doch, und ſeht nur euer Beſtes
vor Augen.   Ihr ſollt öfters in Hinkunft
Duplex haben; dürft öfters zur Ader laſſen,
                öfters

öfters unter uns speisen, ausfahren, öfters
ins Parlatorium kommen, wollen euch hüb-
sche Bücher, als z. B. den galanten Bauer,
und dergleichen verschaffen, kurz, es sollen euch
alle christlichen Freuden im vollen Maaße ge-
währt werden. Euch, die ihr getreu euerem
Orden verbleibet. Zudem dürft ihr nur
den Namen der Ursulinerinnen annehmen,
und im Herzen doch immer bleiben, was ihr
jetzo seyd und was ihr immer gewesen. Dürft
z. B. dieses Kleid des heiligen Norberts unter dem, und näher also am Herzen unter dem
Kleide der heiligen Ursula tragen; und das
äußerliche jenes Ordens nur obenhin, nur ne-
ben bey, schlecht weg erfüllen. Damit wird
sich der Fürst besänftigen, und euch an diesem
heilsamen Wege der Seligkeit belassen. Ent-
schließet euch also, und ihr, die ihr euch nicht
entschließen werdet, zittert vor der Strafe
des Himmels. Wir werden es dahin einlei-
ten, daß ihr gezwungen werden sollet, im
Kloster in unserer Gewalt zu verbleiben, und
dann soll euch euer Muthwille vertrieben
werden.

B 2        Eine

## Eine junge Nonne.

Der Landesfürst hat es uns frey gestellt,
ob wir bleiben wollen oder nicht, und daß sich
dieser Gnade der heilige Vater widersetzen sollte, Er, der selbst die Klöster abschaffen läßt,
und so viel Weisheit besitzet, ist, denk ich,
ein bischen schwer zu glauben.

### Prälat von Str**

Wie thöricht seyd ihr, ihr glaubt, daß es
euch der Fürst hat freystellen können, was hat
denn der Landesfürst dem Himmel fürzuschrei-
ben? Ihr gehört nicht dem Landesfürsten,
ihr gehört dem Himmel. Gewalt geht freylich für Recht; aber können wir den blöden
Monarchen zurechte weisen, so thun wir daran ein gutes Werk. Und über alles das,
meint ihr, daß euch die gebratenen Vögel
in die Mäuler fliegen werden? und daß sich
die Hasen die Felle abstreichen, an den Spieß
stecken, braten, zerlegen und euch bitten
werden, damit ihr sie essen möget? Nein, in
der Welt werdet ihr alles mit euren Hän-
den angreifen, und euch verschiedenen unge-
wohnten schweren Arbeiten unterwerfen müssen. Denn wo wollt ihr mit einem halben

Gul

Gulden hinkommen? Ihr verfleht nichts von
der Welt, man wird euch auf allen Seiten
betriegen. Der Hunger, die Noth und tausend euch itzo unbekannte Bedürfniffe werden
euch zur Verzweiflung bringen. Der Satan wird diefe Gelegenheit nützen, und euch
den Begierden der Wollüfligen ausliefern,
und mit eurem Jungfräulichen Kranze ver-
welkt auch eure Seele. (Die Jungen unter-
drücken darüber ein fchelmifch Lachen, die Alten
machen ein Kreuß. Der Prälat räufperte fich, und
lenkte nach einigen Minuten folgendermaffen wieder
ein:) Wo find die Zeiten, da noch eine heil.
Maria Magdalena von Pazzi lebte? Für ihre Tugenden erhielt fie im 17ten Jahre die
Gabe der Weiffagung und der Wunder.
Mit Freude ließ fie fich von der Mutter Prio-
rin die Hand auf den Rücken binden und bis
aufs Blut geißeln. Im Sommer und Win-
ter war ihr Rock aus Flicken und Lumpen zu-
fammengefetzt, ihre Hände beftändig braun
gefroren. Sie fchlief auf der Erde und
geißelte fich alle Nacht. Hatte dafür auch
feltfame Entzückungen. Einft fah fie eine
vollkommene Einheit in einer unzertrennlichen
B 3       Drey-

Dreyfaltigkeit. Sie dachte über das Ge-
heimniß der Menschwerdung nach, und ihre
Andacht verweilte vornehmlich bey den Worten: Das Wort ward Fleisch. Sie fiel
in eine Entzückung, welche vom Abend um
5 Uhr bis zum folgenden Morgen dauerte.
Sie rief: das ewige Wort ist in dem Schooß
des heil. Geistes unermeßlich groß, aber in
Marien Schoos ists nur ein Pünktchen.
Gott Vater, Sohn und heiliger Geist besuch-
ten sie wechselsweise. Christus vermählte
sich mit ihr in Gegenwart des heil. Augustin
und der heil. Catharina von Siena. Die
bösen Geister warfen sie manchmal die Trep-
pen herunter, und ihre Keuschheit kam auch
sehr auf die Probe. Der Geist der Unreinig-
keit gab ihr die größten Abscheulichkeiten ein.
Aber sie, beherzt genug, kam dergleichen
Anfechtung zuvor, gieng, um ihr zu wi-
derstehen, in den Holzstall, band ein Bün-
del Dornsträuche los, machte sich daraus ein
Lager, entkleidete sich und wälzte sich darauf,
so lange, bis ihr ganzer Leib über und über
eine Wunde war, und das allenthalben her-
vorströhmende Blut das Feuer auslöschte,
das

das der böse Geist in ihr entzündet hatte.
Wo ist unter euch eine M. M. Pazzi? Ihr
alle seyd ausgeartet!

### Die junge Nonne.

Gnädigster Papa, wir erfüllen jederzeit
pünktlich, ohne Rücksicht auf irgend eine Paz,
zi, — unsere Ordensregel, damit ists gut.
Was die vorigen Gründe anbetrift, so ist
es, wahr, daß wir in vielen Dingen un,
erfahren sind, daß aber die Verheissungen und
Gebote der Religion nicht stark genug seyn
sollten, sie allen Versuchungen entgegen zu
setzen, sollte mich wundern. Gesetzt auch,
eine von uns möchte der Gewalt, der Noth,
der Versuchung und der Verführung un,
terliegen, so ists keine vorsezliche Sünde, so
ist Gewalt von Aussen und Schwäche von In,
nen ihr Fall, und es wird über einen Sünder,
der Buße thut, viele Freude im Himmel.
Daß wir mit einem halben Gulden nicht soll,
ten leben können *) ist abermals falsch. Es
leben tausend Menschen mit noch viel weniger,

B 4                    frey,

*) Diejenigen, so in weltliche Kosten treten, er,
halten jährlich 200 fl.

freilich wohl kümmerlich: aber sorgloses Wohl,
leben ist ja nicht des Menschen Bestimmung?
Es ist menschenfreundlicher geurtheilt und
auch wahrscheinlicher, daß uns die Noth, sol,
ten wir einige zu befürchten haben, zwingen
werde eher zu arbeiten, als uns den Wollü,
sten zu ergeben. Daß wir in der Welt we,
niger bequem und mehr den Versuchungen
ausgesetzt seyn werden, ist wahr. Aber sol,
len wir denn nicht mit der Welt, mit dem
Fleische und dem Satan streiten? Sollte das
Himmelreich ohne allen Streit erobert wer,
den können? Wir sollen hier kämpfen, und
wir weichen allen Kämpfen aus; wir deserti,
ren gleichsam aus der Schlacht, verbergen
uns sorgfältig vor allen Anfällen, und wie
sollten dafür im Himmel auf höhern Stuffen
stehen? Warum denn? Weil wir uns in gar
keinen Streit einlassen wollen? Nein; viel,
mehr glaub ich, daß außerm Kloster die Leute
mehr Gelegenheit haben sich Verdienste zu
sammeln. Das Christenthum besteht nicht
in Brevierbeten, Chorquietschen und dergleichen
Kinderpossen mehr, es besteht in thätiger Men,
schenliebe und guten Werken. Wie aber,

um

um Chrifti willen, können wir diefe ausüben?
Wir, die wir von der Gefellfchaft ganz abge-
riffen find, deren Herzen mit Unzufriedenheit
angefüllt, alle Empfindungen der Menfchheit
verfeugnen müffen; wir, von dummen, un-
barmherzigen Anverwandten in einen geheiligten Kerker auf Zeit unfers Lebens gefteckt, wir,
deren Handlungen alle nicht aus dem reinen
Quell der Religion, fondern aus dem fchwar-
zen Aberglauben hervorfprudeln, wir, die wie
in diefen Mauern einander haffen und verfol-
gen, unterjöcht von dem Eigenfinne der Eltern
und der Oberinn; wir, die wir mit unver-
lezter Natur armfeliger find, als die Ver-
fchnittenen in türkifchen Seraïlen, wie follen
wir nur die Fähigkeit haben tugendhaft zu
feyn, und den Himmel zu verdienen? Ver-
nunft, Natur und Religion find es, die den
Fürften beftimmten, diefe Feffeln der Schwär-
merey zu brechen; und weh! taufendmal weh
über euch Prälaten, wenn ihr die Befehle des
liebreichen Fürften mit fein gewebten, aus
Andächteleyen und falfcher Politik geknöteten
Lügen entkräften, und vom wahren Zwecke
ableiten werdet, damit ja noch länger diefer
Prä-

Prälat, der zwanzig Jahre hindurch mit un-
sern Einkünften seine Freunde und sich selbst
genähret, in dem glänzenden Prasserstande
erhalten werde! Wir wollen befreyt seyn von
diesen Fesseln. Wir werden euch, wenn ihr
sie befestigen solltet, unaufhörlich fluchen, und
der Schöpfer der Natur muß uns hören, muß
euch strafen, die ihr euch wider jene heilige
Natur versündiget. Er wäre ungerecht,
wenn Er sich so vieler wehrlosen Geschöpfe
nicht erbarmte, die ihr auf ewig unglücklich
zu machen sucht; die verschlossen jammern,
ihre Haare zerraufen, und die Stunden ihres
Daseyns verfluchen werden. Vereinigt eure
Kräfte mit den Meinigen, ihr lieben Schwe-
stern, in deren Busen noch einige Funken von
Menschlichkeit leben; deren Blut noch nicht
kalt, deren Geist noch nicht ganz kraftlos
geworden, widersetzt auch mit mir den unver-
zeihlichen Absichten wollüstiger, schwelgerischer
Prälaten, die mit unserem Unglücke ihren
Glanz erneuern, und den Landesfürsten auf
das Schändlichste hintergehen wollen. Traut
ihren glatten Worten und leeren Versprechungen nicht, sie würden es mit uns eben so
                                    machen

machen, wie zu Prag bey St. G.**. geschieht,
da den Nonnen von ihrer halben Gulden die
Helfte abgezwacket, und indem sie elend leben müssen, die Oberinn indessen die Dom-
herren herrlich bewirthet. Ruft weh über
sie, und jammert so lange, bis ihr der Prälaten Herzen erweichet oder sie, aus Furcht
verrathen zu werden, ihre Absichten aufgeben.
(Die beyden Prälaten schlichen ganz betretten
davon, alles war mit Zerstöhrung, Mißver-
gnügen, Leiden und Aengsten angefüllt.)

## Achte Scene.

Nonne Emanuela und der Prälat von Do*.

Eman. Ach, gnädigster Papa, was hab
ich für Aengsten!

Prälat. Tröste dich, liebe Emanuela
wirst meinem Herzen immer die schäzbarste
bleiben. Beste Emanuela, wo sind die süßen
Augenblicke all? die schönen Sommertage,
da wir oft im Garten — ach laß uns deren
vergessen.

Eman. Kann man denn alles vergessen?
Als ich noch ihre schönen Hündchen, deren
sie immer eine Menge hatten, so rein hielte,
sie

sie uns in den Alleen vorliefen — und wir — wir — das alles vergessen? Und nun ver-schwindet alles auf einmal! Ich habe aus-gelebt.

Prälat. Ich glaub nicht. Meine Freun-de bey Hof sind groß. Die alten Nonnen werden mir arrestiren, daß sie im Kloster bleiben wollen, einige Jungen werde ich mit Versprechungen, — einige Du und die Oberin, gewinnen, und die wenigen die sich nicht ge-winnen lassen, werden nicht in Anbetracht kommen. Gieb nur Acht, der Hof wird auf unserer Freunde Vorstellungen — befehlen, ihr sollt Ursulinerinnen werden, und dann, ob ich an meiner Emanuela eine Ursulinerin oder Vorbeterin besitze, — das ist für mich, für Dich — und jene Tauben im Garten all eins!

Emanuela. An mir soll es nicht fehlen der heil. Ursula viele Anhängerinnen zu ver-schaffen, wenn nur die Tage der Freude wie-derkehren.

(Sie sieht ihn starr an, seine und ihre Augen werden naß; Ihre Lippen zittern, — Ihre Knie wanken, — Sie sinken beyde nieder, und beten ein Paternoster und ein Ave Ma-ria, daß Ihnen vor Andacht der Schweis ausbricht.)

Neun-

### Neunte Scene, am 23sten May, 1782.

(Zu Prag in der Prälatur auf dem Str**. In
der Nacht um 12 Uhr. Der Tisch ist noch
seit Mittag gedeckt, einige Geistlichen und einige Unverwandtinnen des Prälaten sitzen
halb betrunken in der Runde; der Generalvi-
kar präsidirt in einem braunen Ueberrocke mit
Gold. Er ist ungefehr 5 Fuß hoch, 7 Fuß
breit, trägt eine Perücke, wiegt bis 300 Pfund,
ißt gerne Wildpret und trinket eben so gern
Rheinwein. Er spricht Küchenlatein mit vieler Fertigkeit und ist nebst bey ein Utraquist,
ein Doktor Theologiae und folglich ein Grund-
gelehrter Herr. Er hat zwar kein Weib, darf
nichts von praktischer Ehe und dergleichen
Materien aus Erfahrung wissen, aber er ist
doch ein Präsident beym Consistorium, wo
die Ehestreitigkeiten, Hurereyen, Schwanger-
schaften und physische Unfähigkeiten unter-
sucht und beygelegt werden. Dieses thut er
mit vieler Weisheit. Wo er solche Kenntniße
gesammelt, ist unbekannt. Uebrigens verdauet
er gut, ist wohl auf, hat bis 20,000 Gulden,
aus apostolischen Renten zu verzehren, und
man nennt ihn: Ihro bischöfliche Gnaden;
ist also, wie ihr seht, ein Herr von hohem Ansehen und unsterblichen Verdiensten.)

Eine Frau. Sie wollten also hinaus, die
Nonnen zu Pilsen? wollten nicht in ihrem
Kloster bleiben? haben sich an das Consisto-
rium, an Ihre bischöfliche Gnaden gewendet? --

Generalvicar. Allerdings, (will aufstehen,
trocknet den Schweiß von seinem Gesichte, sehr

Behu

Beine find ſchwach, er hat ein kleines Apoſtoliſches
Räuſchgen, fällt in ſeinen Seſſel zurück.) Aller⸗
dings wollten ſie; aber ich hab ſie kriegt, die
Menſcher, ich hab ſie ausgezahlt! —

Frau. Wie denn, Ihr biſchöfliche Gnaden?

Generalvicar. Ich habs halt ſo gedreht
beym Conſiſtorium, daß ſie haben nichts aus⸗
gerichtet.   Seyn die Menſcher ſo lange drin
geweſt, mögen ſie noch bishero darinnen ihr
Verbleiben haben.

Prälat von Str**. Noch ein Gläschen
Malaga. —

Generalv. Darf nicht, darf nicht. —

Prälat. Tockayer!

Generalv. Bleib ſchon bey meinem Ma⸗
genwein.

Prälat. Haben ja gar nichts getrunken
Euer Biſchöfliche Gnaden.

Generalv. Zuviel iſt zuviel, man bekömmt
drüber Kopfſchmerzen.   Ja die Menſcher die
hätten gern mögen, ha, ha, ha, ihr wißts
ſchon — die haben wir kriegt, — ſie hätten
freylich gern mögen — ha, ha, ha, und das
Unheil reißt um ſich, neulich wollt auch ein
dum⸗

dummer Franziskaner aus dem Kloster, und
wir sollten das Gelübd lösen; ja da werden
wir gescheid seyn, da werden wir ihn eins her-
malen, warum ist er ein Franziskaner geworden? Ich bin Jude, spricht der Jude, und
will als Jude sterben, warum nicht auch ein
Franziskaner? .

Frau. Man hat sagen wollen, er wolle sich
oder andere umbringen, wolle lutherisch werden.

Generalv. Ha ha ha ha, — der Guar-
dian wird ihm schon den Muth austreiben, und
mags doch, was ist an einem so dummen
Mönch gelegen, ob er sich erhenkt oder nicht,
besser als daß er ein Skandal seyn soll.

(Endlich kommen die Bedienten, schleppen den
Herrn Generalv. in den Wagen, einige von
den Geistlichen trinken Wasser um die Hitze
zu dämpfen; und so geht die Scene nach
1 Uhr Nachts aus einander.)

\* \* \*

Alles ist wahr, und zu Prag wohl bekannt.
Der arme Franziskaner verzweifelt, von seinen
Vorgesezten gepeinigt, und das Consistorium
will ihn nicht hören. Er hat seine Klage bey
dem Gubernium bereits eingereicht, — aber
was will ein armer Franziskaner ohne aller
Unterstüßung gegen ein ganzes Consistorium
aus-

ausrichten? Wahr ist es, daß den Nonnen von
Pilsen, Brix und Do**. so mitgespielet wurde.
Den späteren Fortsezern der Geschichte von
Böhmen können diese Blätter gute Dienste lei-
sten. Ich bin von dem Faktum wohl unterrich-
tet, ich hab es auch mit aller Freymüthigkeit ver-
faßt und ich werde alle Fakta dieser Art sammeln
und mit eben dieser Freymüthigkeit bearbeiten.
Das Publikum wird es mir danken, und der
Hof? Wenn dieser es ernstlich untersuchen ließe,
so würde sich zeigen, daß dieses Blat kein Pas-
quil sey, wofür man es gewiß ausschreyen wird.
Aber man mag immerhin schreyen, — mag mich
für einen Pasquillanten halten, ich werde den-
noch fortfahren, alle Fakta dieser Gattung zu
publiciren. Ich bin überzeugt, daß dieser
Entschluß — wenigstens den Nutzen haben
wird, daß die Herren Prälaten und Bischöfe
nicht so leicht etwas wider die Kais. Königl.
Verordnungen unternehmen werden, immer
zur Schande der Menschheit!